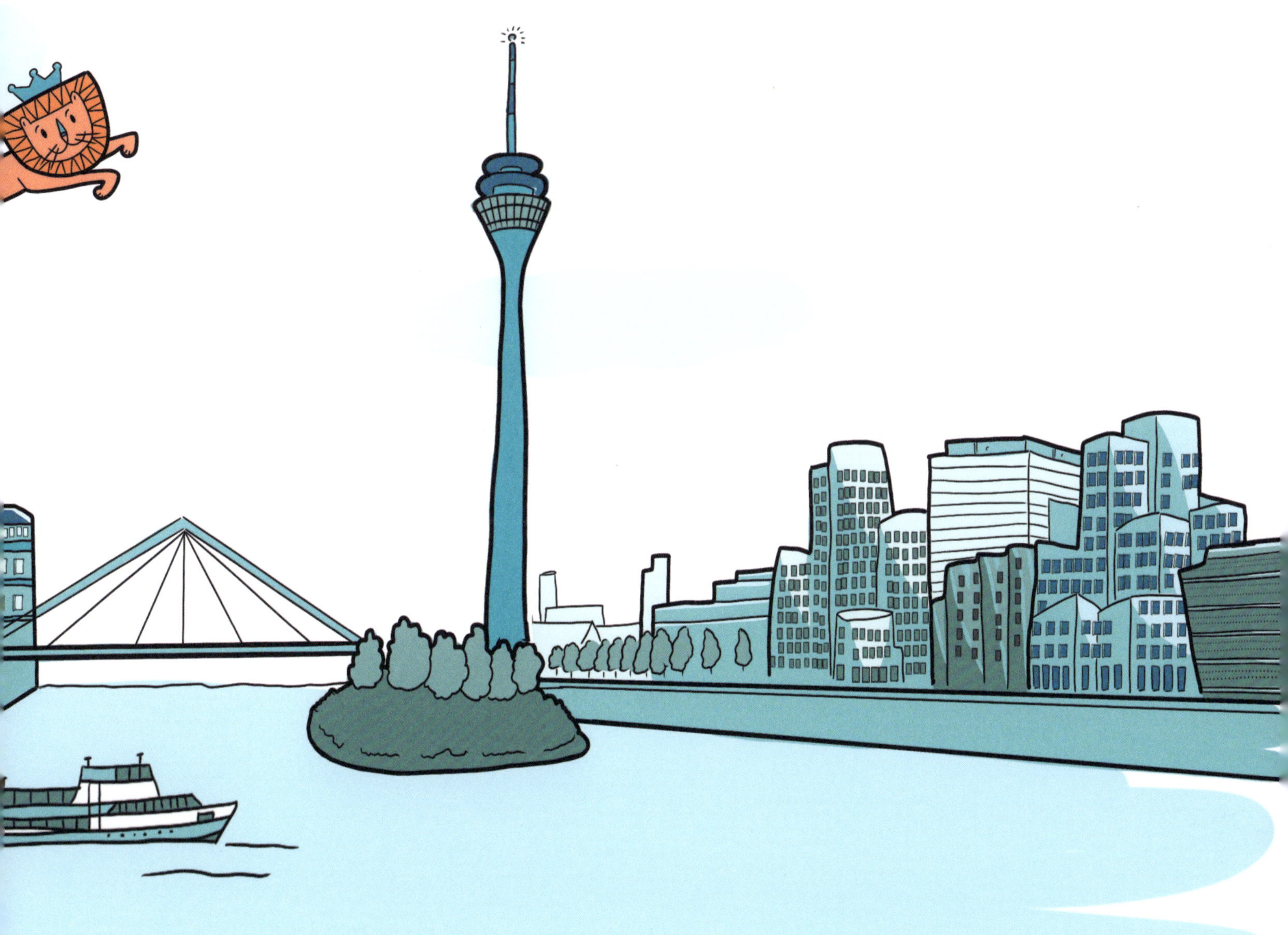

Unser Düsseldorf

Anke Kronemeyer & Anna Zörner

Ech ben dä kleene Broder vom Berjesche Löw, däm Wappedier von ons Stadt, on well üch Pänz Düsseldorf zeije.

Ich bin der kleine Bruder vom Bergischen Löwen, dem Wappentier von unserer Stadt, und ich will Euch Kindern Düsseldorf zeigen.

Windy
VERLAG

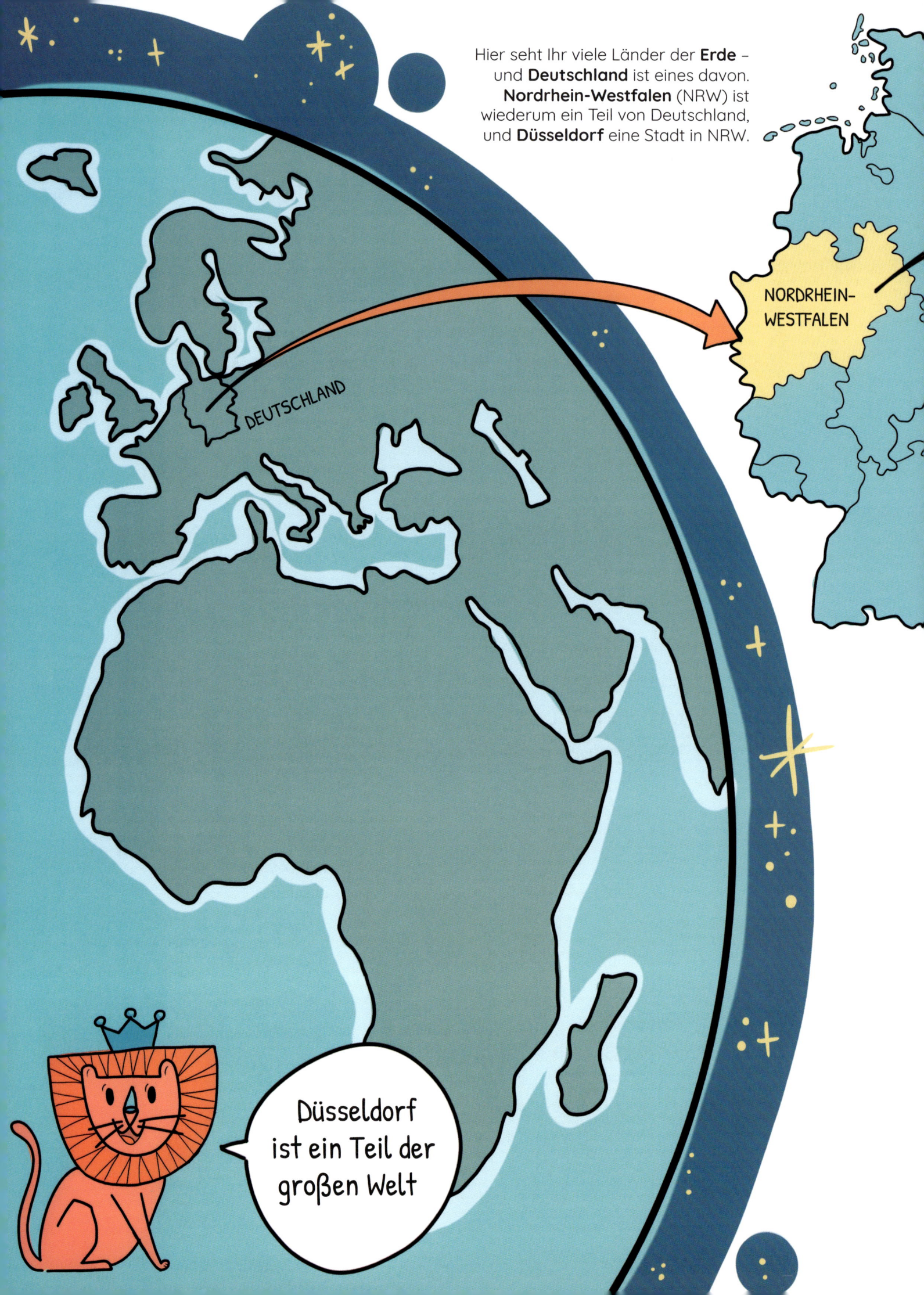

Düsseldorf hat rund 640.000 Einwohner, die in 50 Stadtteilen leben. Düsseldorf ist nach Köln die **zweitgrößte Stadt in NRW,** in Deutschland die siebtgrößte. Die größte Stadt in Deutschland ist übrigens Berlin.

DÜSSELDORF

Düsseldorf ist Landeshauptstadt – das heißt, dass hier die Landesregierung ihren Sitz hat und ganz viele Ämter und Behörden in Düsseldorf arbeiten.

Landeshauptstadt
Düsseldorf

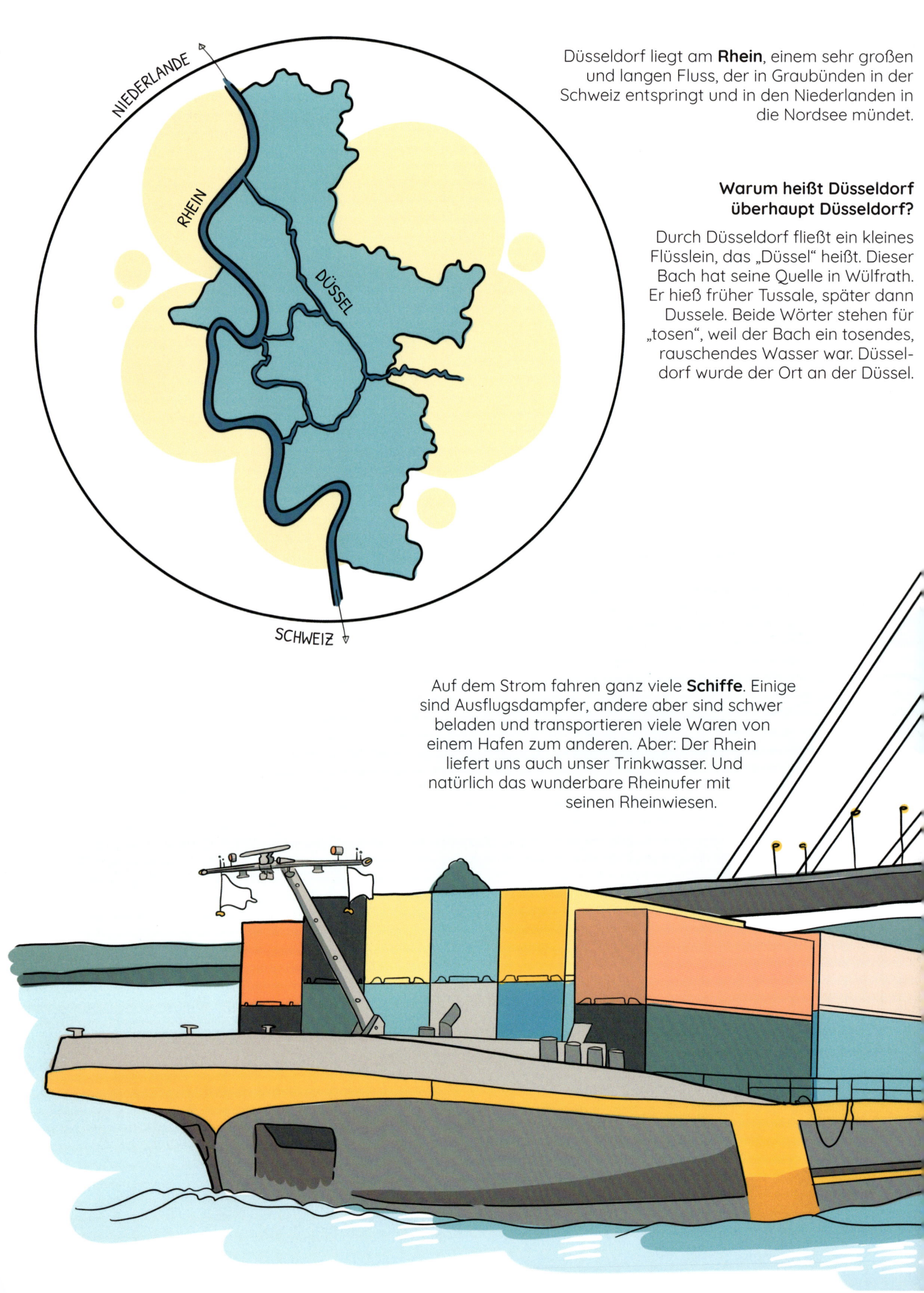

Düsseldorf liegt am **Rhein**, einem sehr großen und langen Fluss, der in Graubünden in der Schweiz entspringt und in den Niederlanden in die Nordsee mündet.

Warum heißt Düsseldorf überhaupt Düsseldorf?

Durch Düsseldorf fließt ein kleines Flüsslein, das „Düssel" heißt. Dieser Bach hat seine Quelle in Wülfrath. Er hieß früher Tussale, später dann Dussele. Beide Wörter stehen für „tosen", weil der Bach ein tosendes, rauschendes Wasser war. Düsseldorf wurde der Ort an der Düssel.

NIEDERLANDE

RHEIN

DÜSSEL

SCHWEIZ

Auf dem Strom fahren ganz viele **Schiffe**. Einige sind Ausflugsdampfer, andere aber sind schwer beladen und transportieren viele Waren von einem Hafen zum anderen. Aber: Der Rhein liefert uns auch unser Trinkwasser. Und natürlich das wunderbare Rheinufer mit seinen Rheinwiesen.

Über den Rhein in Düsseldorf führen verschiedene **Brücken**, die die linke mit der rechten Rheinseite verbinden.

Wichtig für die Gründung der Stadt Düsseldorf war im Jahr 1288 die mittelalterliche Reiter-Schlacht bei Worringen. Zwei riesengroße **Ritter**-Heere kämpften gegeneinander. Es ging um einen Erbfolgestreit und letztendlich um die Macht am Rhein. Am Ende gewann der Herzog von Brabant, der Erzbischof von Köln verlor. In dem Jahr verlieh Adolf von Berg Düsseldorf die Stadtrechte.

Viele, viele Jahrhunderte vor Christus lebten die **Neandertaler** im Düsseldorfer Raum. Wie es damals zuging, kann man im Neanderthal-Museum in Mettmann erleben. Die Neandertaler waren wahrscheinlich die ersten Menschen, die hier lebten.

Die **Römerzeit** war für die Geschichte des Rheinlands sehr wichtig. Viele Hafenstädte am Strom haben ihren Ursprung in dieser Zeit. Reste der Römerzeit sind in der Urdenbacher Kämpe zu sehen: Haus Bürgel steht auf den Resten einer römischen Festung.

Düsseldorf wurde 1288 gegründet

Der **Bergische Löwe** ist das Wappentier des ehemaligen Herzogtums Berg. Er wird in Rot auf silbernem bzw. weißem Untergrund dargestellt. Er trägt eine blaue Krone. Seine Zunge und Krallen sind Symbole für Waffen.

Für Düsseldorfs Geschichte waren Kurfürst **Jan Wellem**, der 1658 im Düsseldorfer Schloss geboren worden ist, und seine Frau **Anna Maria Luisa Medici** sehr wichtig. Er hatte Düsseldorf schon vor der Hochzeit zu seinem Regierungssitz erhoben und die Blütezeit der Stadt initiiert. Düsseldorf wurde mit dem Ehepaar dann zu einer Residenzstadt von europäischem Rang ausgebaut. Es entstanden unter anderem eine Gemäldegalerie und ein Opernhaus, viele berühmte Künstler kamen an den Rhein. Medici war es auch, die die Eroberung Düsseldorfs durch französische Truppen verhinderte. An den Kurfürsten erinnert noch heute das Reiterdenkmal vor dem Rathaus, das er selbst in Auftrag gegeben hatte.

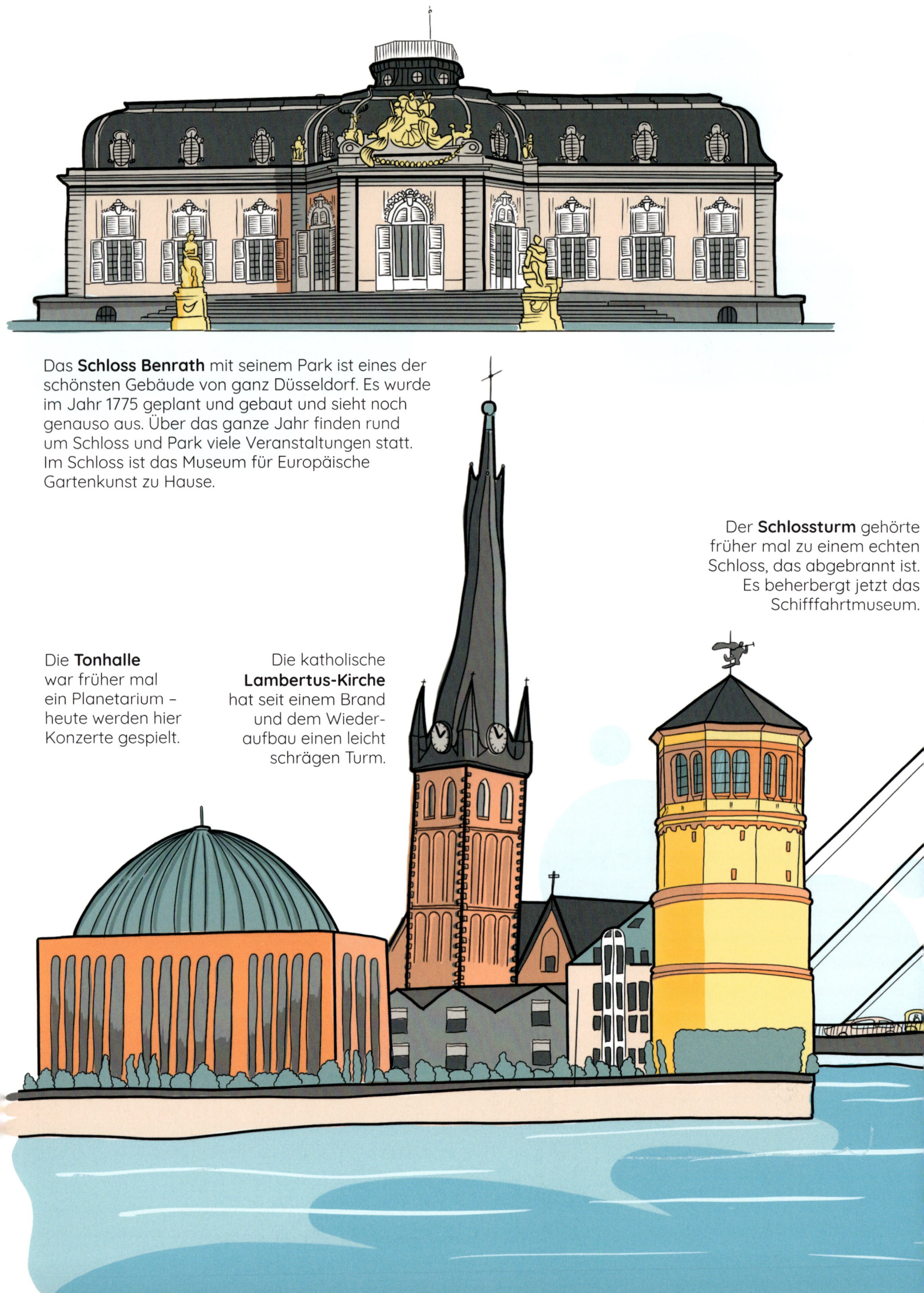

Das **Schloss Benrath** mit seinem Park ist eines der schönsten Gebäude von ganz Düsseldorf. Es wurde im Jahr 1775 geplant und gebaut und sieht noch genauso aus. Über das ganze Jahr finden rund um Schloss und Park viele Veranstaltungen statt. Im Schloss ist das Museum für Europäische Gartenkunst zu Hause.

Der **Schlossturm** gehörte früher mal zu einem echten Schloss, das abgebrannt ist. Es beherbergt jetzt das Schifffahrtmuseum.

Die **Tonhalle** war früher mal ein Planetarium – heute werden hier Konzerte gespielt.

Die katholische **Lambertus-Kirche** hat seit einem Brand und dem Wiederaufbau einen leicht schrägen Turm.

Früher stand in **Kaiserswerth** ein Benediktiner-Kloster, das von Mönch Suitbertus gegründet worden war. Kaiser Heinrich III. baute daraus im Jahr 1045 die Kaiserpfalz, die dann wiederum später von Kaiser Friedrich Barbarossa als Zollfestung ausgebaut wurde. Heute ist sie eine Ruine, aber oft Schauplatz von kulturellen Veranstaltungen.

Der **Hafen** beginnt mit dem 240 Meter hohen **Rheinturm**, in dem oben sogar ein Restaurant untergebracht ist, das sich dreht.

Die ganze Silhouette von Düsseldorf sieht man am besten von der linken Rheinseite

Die drei modernen Bauten am Hafenbecken hat Architekt **Frank Gehry** gebaut. Das **Stadttor** steht auf dem Rheinufertunnel.

Das Markenzeichen von Düsseldorf in der ganzen Welt ist die **Königsallee**, kurz „Kö" genannt. Die schicke, einen Kilometer lange Einkaufsstraße wird vom Kö-Graben durchzogen. Sie wurde 1802 angelegt und hieß erst Kastanienallee.

Die **Mode** steht absolut im Mittelpunkt der Geschäfte an der Kö – dort finden sich Filialen von Prada, Gucci, Dior & Co. Mit Bücherbummel, Radrennen, Kö-Lauf oder Karnevalsveranstaltungen ist die Straße auch Treffpunkt bei vielen Veranstaltungen. Sie ist außerdem Adresse für drei große Luxushotels.

Champagne Trüffel

Der **Rheinturm** hat eine „Dezimal-Uhr", die man von oben nach unten liest. Auf unserer Illustration ist es gerade 18.37 Uhr. Künstler Horst H. Baumann hat diesen Lichtzeitpegel mit seinen 62 Bullaugen installiert.

Nur in Düsseldorf stehen Figuren auf den Litfaß-Säulen. Die hat der Künstler Christoph Pöggeler an zehn Standorten installiert. Sie werden **„Säulenheilige"** genannt.

Es gibt in der Innenstadt zwei Gebäude mit dem Namen **Kö-Bogen**. Beide haben eine ganz besonders ausgefallene Architektur. Aus dem einen wachsen sogar Bäume, das andere ist komplett begrünt. Das haben die Architekten so geplant, damit es weiter grün ist in der Stadt.

UPS

Turm, Kunst, Radschläger, Ofenrohr: All das gibt es nur in Düsseldorf

An der Kunsthalle ragt ein schwarzes **Ofenrohr** aus der Wand. Das hat Künstler Joseph Beuys dort installiert. Es funktioniert nicht mit einem echten Ofen.

Nur in Düsseldorf lebt die Tradition der **Radschläger** weiter: Früher sind die Kinder Rad schlagend durch die Gassen gelaufen und sammelten so „eene Penning" ein, heute gibt es immer noch ein Radschläger-Turnier und viele Radschläger als farbenfrohe Kunstwerke oder Souvenirs.

Nur in Düsseldorf hat angeblich **Schneider Wibbel** gelebt. Um die Figur rankt sich eine kuriose Legende, die mit dem Besuch Napoleons in Düsseldorf zu tun hat und im Mittelpunkt eines lustigen Theaterstücks stand. Seine Figur in der Altstadt darf man anfassen, das soll Glück bringen.

In Düsseldorf wird auch Obst und Gemüse angebaut, das dann direkt – zum Beispiel auf dem **Carlsplatz** oder auf den Wochenmärkten – weiterverkauft wird.

Fortuna Düsseldorf ist ein berühmter und traditioneller Fußballverein, der in der Arena in Stockum spielt. Der Verein wurde 1895 in Flingern gegründet. Der Name leitet sich von der römischen Schicksalsgöttin Fortuna ab. Die Vereinsfarben sind – genau wie die von der Stadt – rot-weiß. Es gibt eine große Fan-Kultur in der Stadt, zigtausende von ihnen besuchen die Heimspiele, aber viele fahren auch zu den Auswärtsspielen mit.

Düsseldorf hat eine der schönsten **Galopprennbahnen** der Welt. Im Sommer finden auf der Anlage in Grafenberg – in der man auch Golf spielen kann – viele spannende Pferderennen statt. Dort kann man neben dem Sport aber auch einfach nur auf einer Picknickdecke sitzen und das Spektakel in freier Natur genießen.

Die **DEG** ist ein Eishockeyclub, der seit 2006 seine Spiele im Dome im Stadtteil Rath austrägt. Bis dahin fanden die Spiele im alten Eisstadion an der Brehmstraße statt. Auch dieser Verein hat Tradition in Düsseldorf. Er spielt in der Deutschen Eishockey-Liga und gehört zu den Gründungsmitgliedern der DEL. Die DEG wurde insgesamt acht Mal deutscher Meister. Die Vereinsfarben sind rot und gelb.

Außerdem gibt es noch viele andere Sportvereine in Düsseldorf, die rund 45.000 Kindern und Jugendlichen 100 unterschiedliche Sportmöglichkeiten anbieten. Die einen spielen **Tennis** oder **Hockey**, andere **Kricket**, **Badminton** oder **Basketball**, wieder andere rudern oder machen **Kampfsport**. Besonders beliebt ist in den Sommerferien auch der Sportactionbus am Rheinufer, an dem viele Sportarten ausprobiert werden können.

Borussia Düsseldorf, ein Tischtennisverein, der weltweit bekannt ist. Timo Boll ist einer der berühmtesten Tischtennisspieler. Borussia ist Tischtennisbundesligist und Deutschlands erfolgreichster Tischtennisverein mit eigenem Tischtenniszentrum und einer Tischtennis-Schule. Bislang holte der Verein 78 Titel. Schon mehr als 30 Mal hat der Verein Europas größtes Kinder- und Jugendturnier organisiert, die „kids open".

Der **Karneval** gilt auch als fünfte Jahreszeit. Die „tollen Tage" starten offiziell am Altweiber-Donnerstag und gehen bis Aschermittwoch. Aber schon am 11.11. um 11.11 Uhr erwacht der Hoppeditz in seinem Senftöpfchen und läutet die neue Session ein. In Düsseldorf gibt es rund 70 Karnevalsgesellschaften, die zu Sitzungen oder Veedelszügen einladen. Ein Projekt des Comitee Düsseldorfer Carneval (CC) ist „Pänz in de Bütt", durch das der Bühnen-Nachwuchs gefördert wird. An der Paulusschule in Düsseltal bringt die Rheinische Garde Blau-Weiß den Jungen und Mädchen den Karneval nahe.

Sieben Fasanenfedern

Flipper
Der rot-weiße Kragen des Prinzen.

Prinzensilber
Um den Hals hat der Prinz eine Kette mit seinem eingravierten Namen.
Es gibt auch noch eine große Prinzenkette, die immer weitergegeben wird. Darauf wird dann jeweils der neue Prinz ergänzt.

In der Hand hält der Prinz die **Pritsche**. Er hat immer weiße Handschuhe an.

Ornat
Er ist rot-weiß, besteht aus Wams (bedruckt mit dem Stadtwappen) und einer Pumphose.

Schuhe
Der Prinz trägt eine weiße Strumpfhose und rote Schuhe mit weißer Schleife.

Schiffchen
Es steckt in den Haaren und ist immer blau-weiß.

Kleid
Die Venetia hat mehrere Kleider, die sie sich auch selbst aussuchen darf. Aber: Eines davon ist immer blau-weiß, eines immer rot-weiß, so dass sie bei Veranstaltungen der jeweiligen Garden farblich passend angezogen ist.

Pritsche
Sie ist blau-weiß und etwas kleiner als die des Prinzen.

Schärpe
Sie läuft von der rechten Schulter nach links unten, an der Rosette hängt der Gardestern der Prinzengarde Blau-Weiß.

Jedes Jahr im Sommer laden die Schützen auf den Rheinwiesen in Oberkassel zur **Rheinkirmes**. Dort gibt es neben vielen anderen Attraktionen ein Riesenrad, eine Achterbahn, Kinderkarussells, Zuckerwatte und ein Feuerwerk. Darüber hinaus laden viele andere Schützenvereine zu ihren Festen in den Stadtteilen ein.

Rund um den **Martinstag** am 11. November gehen die Kinder mit Laternen durch die Straßen und singen Martinslieder. Oft werden die Züge durch St. Martin auf seinem Pferd begleitet. Der heilige Martin teilt seinen Mantel mit einem Bettler, anschließend wärmen sich alle am Martinsfeuer. Die Botschaft: Vergesst nicht die Menschen, die in Not sind.

Für die Kinder gibt es in dieser Zeit Süßigkeiten, wenn sie mit ihren Laternen von Haus zu Haus ziehen und etwas vorsingen. Das nennt man „Gripschen". In vielen Bäckereien werden speziell für diesen Brauch Weckmänner angeboten.

Akki heißt „Aktion und Kultur mit Kindern". Kinder und Jugendliche können im Sommer im „Düsseldörfchen" (der Stadt der Kinder) leben, im Herbst Drachen steigen lassen oder an kreativen Kursen teilnehmen.

PUPPEN

Das Marionetten-Theater lädt auf seine Bühne im Palais Wittgenstein in der Carlstadt ein. 22 Inszenierungen gehören zum Repertoire, einen Schwerpunkt bildet aber das Werk Michael Endes, dessen „satanarchäolügenialkohöllischer Wunschpunsch" sich mit mehr als 1300 Vorstellungen zu einem Kultstück entwickelt hat. Mit Puppen wird aber auch im Puppentheater an der Helmholtzstraße gespielt.

MUSIK

100 Konzerte für Babys, Kita- und Schulkinder veranstaltet die Tonhalle jedes Jahr, außerdem können junge Musikfans in drei verschiedenen Orchestern selbst Musik machen. Ein tolles Erlebnis sind zudem die Führungen für Vorschulkinder. „Junge Oper" und „Tanz mit" sind Projekte der Deutschen Oper am Rhein, damit Kinder und Jugendliche die Welt des Musiktheaters und des Tanzes erleben können.

In den **Büchereien** kann man sich nicht nur Bücher, sondern auch DVDs, CDs oder Spiele ausleihen. Außerdem kann man mit seinem Bibliotheksausweis die Computer nutzen. Dort finden außerdem viele Veranstaltungen auch für Kinder rund ums Buch statt. Es gibt eine Zentralbibliothek hinter dem Hauptbahnhof sowie viele Filialen in den Stadtteilen.

THEATER

Zum Düsseldorfer Schauspielhaus gehört seit mehr als 40 Jahren auch das „Junge Schauspielhaus", in dem junge Regisseure und junge Schauspieler (und natürlich Besucher) im Mittelpunkt stehen. Es ist das größte Kinder- und Jugendtheater in Nordrhein-Westfalen. Junge Besucher sind aber auch in vielen anderen Häusern willkommen – egal, ob in der Freizeitstätte Garath oder im Spektakulum in Benrath.

MUSEUM

In allen Düsseldorfer Museen wie Kunstsammlung, Kunsthalle, NRW-Forum oder Kunstpalast gibt es besondere Angebote für Kinder und Jugendliche. Auch das Schifffahrtmuseum im Schlossturm bietet spezielle altersgerechte Führungen und kreative Mitmach-Aktionen für Kinder an, ebenso Stadt-, Film-, Theater- oder Hetjens-Museum. Schüler sind aber auch im Goethe-Museum willkommen.

Riffhaie, Brillenpinguine, Doktorfische, Korallen oder Vogelspinnen: All diese Tiere könnt Ihr im **Aquazoo** erleben. Außerdem lernt ihr dort noch etwas über biologische Vielfalt und das Leben der Tiere im Wasser oder an Land.

Es kreucht und fleucht überall: In Düsseldorf leben viele Tiere.

Kennt Ihr schon die Sau Heidi? Sie lebt im Streichelzoo der Werkstatt für angepasste Arbeit im **Südpark**. Dort könnt Ihr aber noch viele andere Tiere erleben: Schafe, Ziegen, Kaninchen, Meerschweinchen oder Hühner. Außerdem gibt es ein Café und Spielplätze.

Echte Papageien auf der **Königsallee**? Genau, die gibt es: Sie sind irgendwann „eingewandert" und haben sich am Rhein ausgebreitet. Es sollen schon mehr als 1000 Vögel in Düsseldorf leben.

Kö

WILDPARK

Einer der ältesten **Wildparks** Deutschlands ist in Grafenberg. Dort leben rund 100 Tiere, zum Beispiel Rothirsche, Muffelwild, Wildschweine, Damwild oder Waschbären, die auch gefüttert werden dürfen.

Notre maison est maintenant à Düsseldorf!

Das ist Französisch und heißt: Unser Zuhause ist jetzt Düsseldorf.

Düsseldorf ist eine internationale Stadt: Von den mehr als 640.000 Einwohnern sind rund 170.00 ausländischer Herkunft. Sie stammen aus der Türkei, aus Griechenland oder Polen, aber auch aus Japan. Der Japan-Tag im Sommer ist immer ein Highlight im Event-Kalender. Es leben aber auch viele Franzosen hier – mit ihnen feiern wir im Juli das Frankreich-Fest.

Das **Ekō-Haus** der Japanischen Kultur mit buddhistischem Tempel und Gärten in Niederkassel lädt dazu ein, die Kultur der Japaner kennen zu lernen.

SIND

ALLE

DÜSSEL

DORF

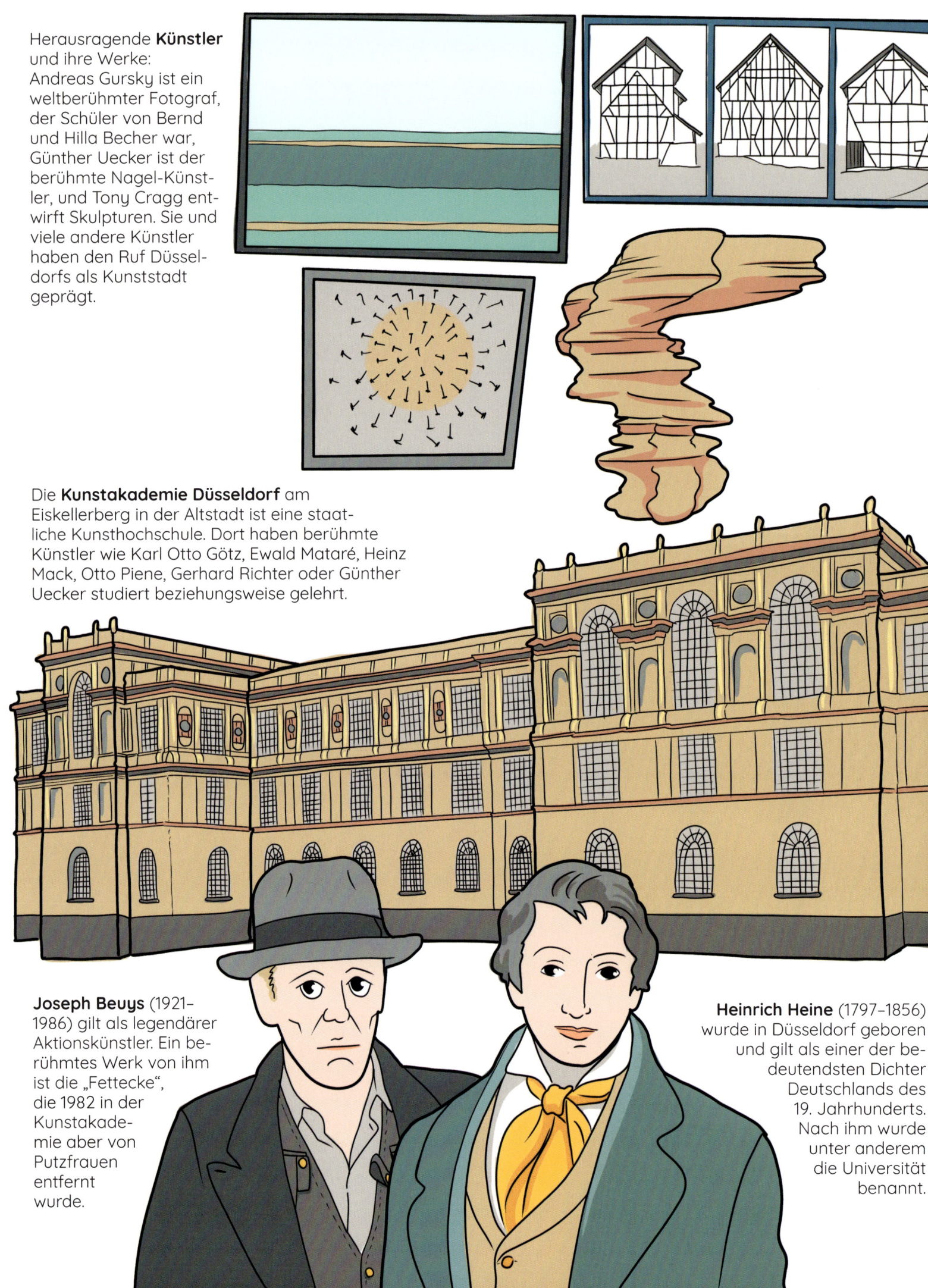

Herausragende **Künstler** und ihre Werke: Andreas Gursky ist ein weltberühmter Fotograf, der Schüler von Bernd und Hilla Becher war, Günther Uecker ist der berühmte Nagel-Künstler, und Tony Cragg entwirft Skulpturen. Sie und viele andere Künstler haben den Ruf Düsseldorfs als Kunststadt geprägt.

Die **Kunstakademie Düsseldorf** am Eiskellerberg in der Altstadt ist eine staatliche Kunsthochschule. Dort haben berühmte Künstler wie Karl Otto Götz, Ewald Mataré, Heinz Mack, Otto Piene, Gerhard Richter oder Günther Uecker studiert beziehungsweise gelehrt.

Joseph Beuys (1921–1986) gilt als legendärer Aktionskünstler. Ein berühmtes Werk von ihm ist die „Fettecke", die 1982 in der Kunstakademie aber von Putzfrauen entfernt wurde.

Heinrich Heine (1797–1856) wurde in Düsseldorf geboren und gilt als einer der bedeutendsten Dichter Deutschlands des 19. Jahrhunderts. Nach ihm wurde unter anderem die Universität benannt.

Johanna „Mutter" Ey (1864–1947) betrieb in der Nähe der Kunstakademie eine Kaffeestube, die zum Treffpunkt von Musikern und Malern wurde. Später eröffnete sie eine Galerie und förderte vor allem die jungen Künstler. Ihr zu Ehren wurde am Andreas-Quartier ein Denkmal, geschaffen von Bert Gerresheim, aufgestellt.

Kraftwerk, Die Toten Hosen, Marius Müller-Westernhagen, Heino, Robert und Clara Schumann: Sie alle stammen aus Düsseldorf oder haben hier gearbeitet. Unsere Playlist zeigt ihre wichtigsten Werke.

Autobahn
Kraftwerk

Expo 2000
Kraftwerk

Tage wie diese
Die Toten Hosen

Hier kommt Alex
Die Toten Hosen

Blau blüht der Enzian
Heino

Freiheit
Marius Müller-Westernhagen

3. Sinfonie Es-Dur, „Die Rheinische"
Robert Schumann

Klavierkonzert in a-Moll
Clara Schumann

HOME   ...CHE   RADIO   MEINE MUSIK

Viele berühmte Künstler stammen aus Düsseldorf und haben hier gearbeitet

Mallorca, New York oder die Karibik: Von Düsseldorf aus kann zu rund 160 Zielen in die Welt fliegen. Der **Flughafen** ist Lohausen ist der viertgrößte in Deutschland. Mehr als 19 Millionen Passagiere fliegen hier ab.

Weit weg oder ganz nah? Hier geht es in die große, weite Welt oder mal eben in die Nachbarschaft.

Die Zeche Zollverein – aus einem früheren Steinkohlebergwerk wurde ein Architektur- und Industriedenkmal. Bei Führungen, die auch von ehemaligen Bergleuten angeboten werden, könnt Ihr erleben, wie früher Steinkohle gefördert wurde.

Kirchplatz

Graf-Adolf-Platz

Benrather Straße

Heir

Das Wahrzeichen unserer Nachbarstadt **Köln** ist der Dom im Herzen der Innenstadt. Es ist eine katholische Kirche, die in jedem Jahr von Millionen von Menschen besucht wird.

Eine Zeitreise durch vier Millionen Jahre Menschheitsgeschichte könnt Ihr in Mettmann im **Neanderthal-Museum** erleben.

Nur ein paar Kilometer entfernt liegt eine wunderbare Region: der **Niederrhein**, der sich fast bis in die Niederlande zieht.

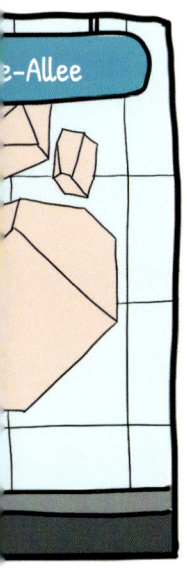

Ein Planet an der Benrather Straße, rote Fäden am Kirchplatz: In sechs U-Bahn-Stationen der neuen **Wehrhahn-Linie** zwischen Bilk und Wehrhahn ist ungewöhnliche Kunst zu sehen.

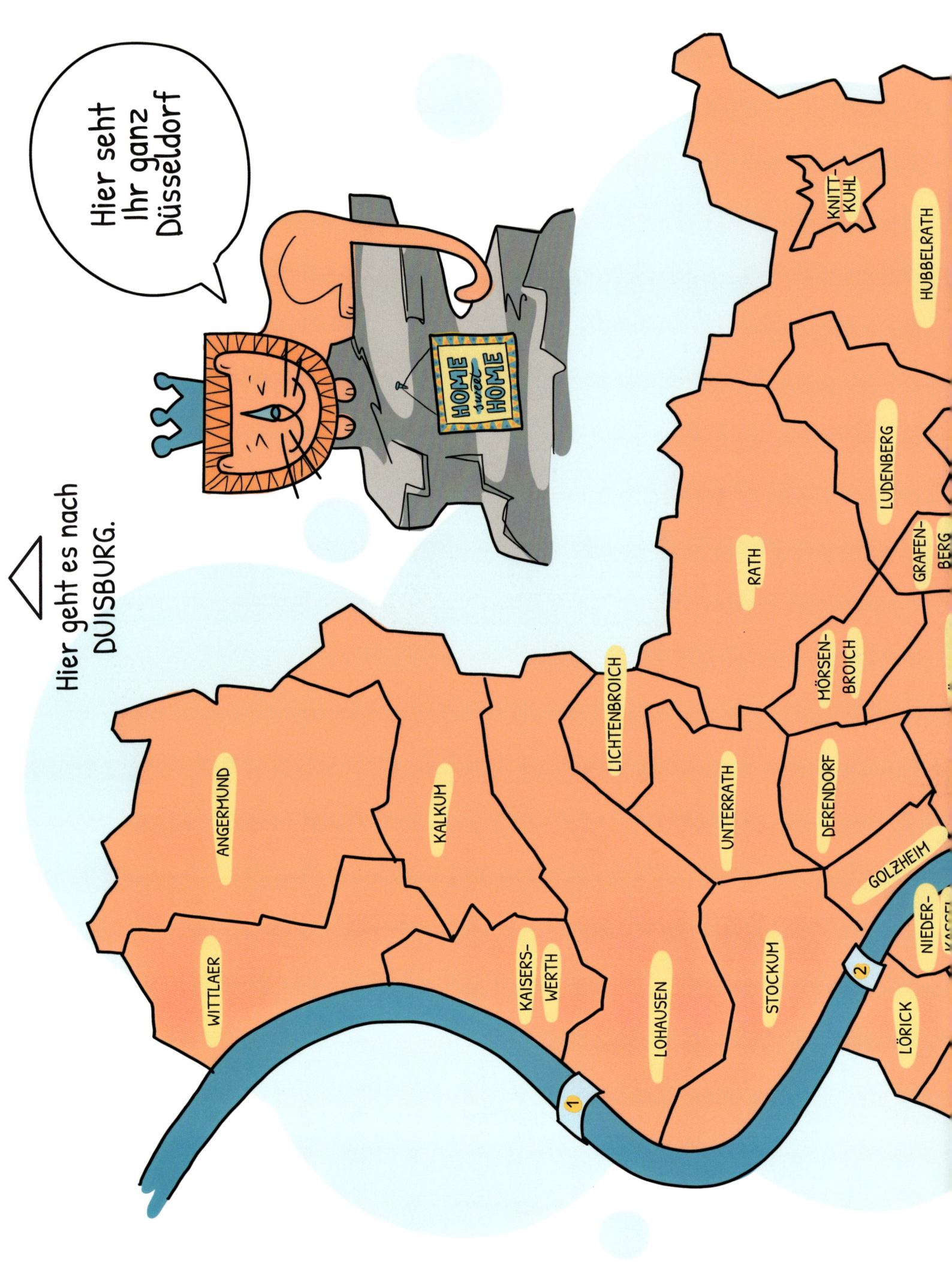

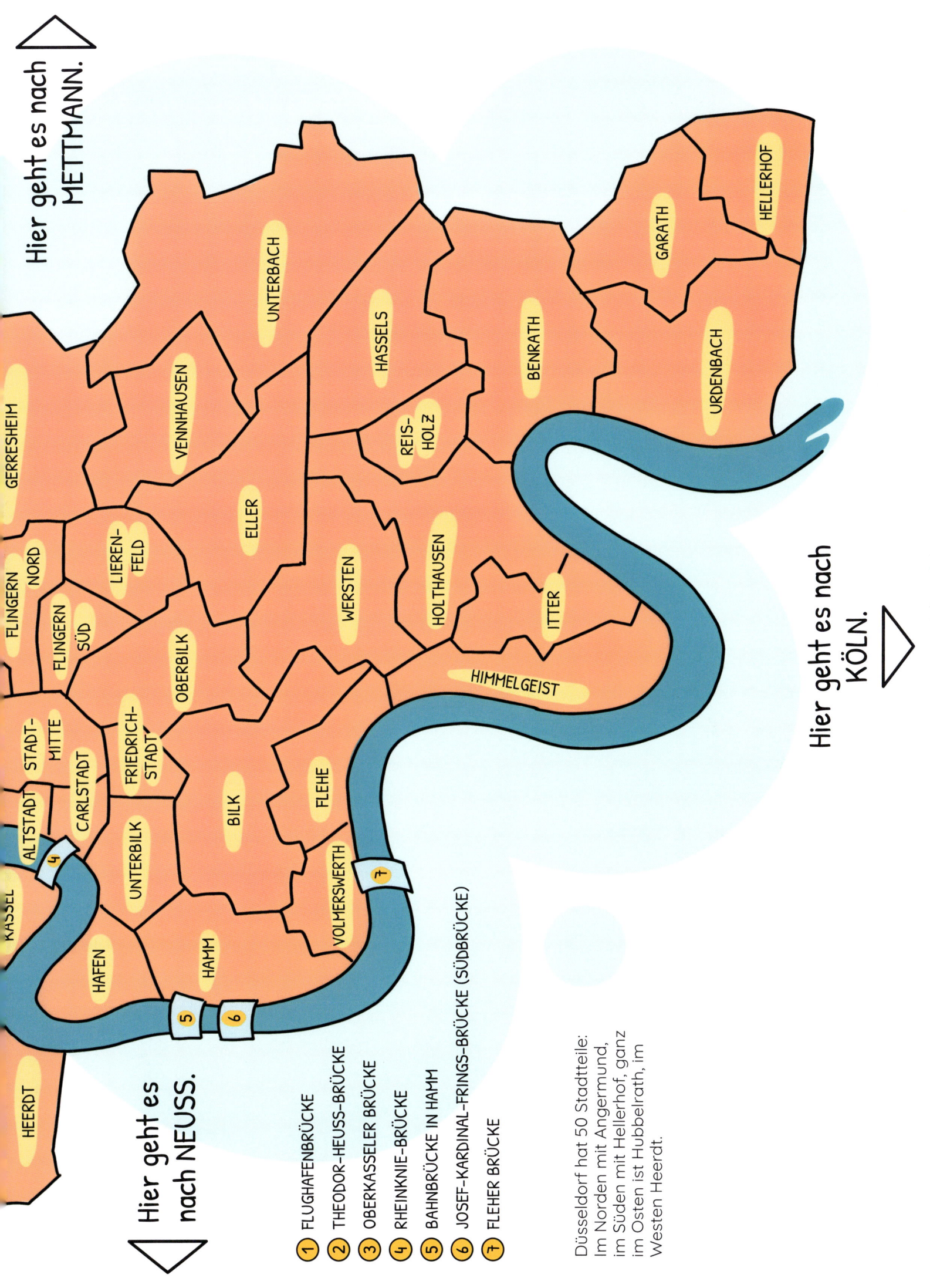

Hier geht es nach METTMANN.

Hier geht es nach KÖLN.

Hier geht es nach NEUSS.

HEERDT
KASSEL
HAFEN
ALTSTADT
CARLSTADT
STADT-MITTE
UNTERBILK
FRIEDRICH-STADT
HAMM
BILK
FLEHE
VOLMERSWERTH
OBERBILK
FLINGERN SÜD
FLINGERN NORD
GERRESHEIM
LIEREN-FELD
ELLER
WERSTEN
HOLTHAUSEN
ITTER
HIMMELGEIST
VENNHAUSEN
UNTERBACH
HASSELS
REIS-HOLZ
BENRATH
GARATH
HELLERHOF
URDENBACH

1 FLUGHAFENBRÜCKE
2 THEODOR-HEUSS-BRÜCKE
3 OBERKASSELER BRÜCKE
4 RHEINKNIE-BRÜCKE
5 BAHNBRÜCKE IN HAMM
6 JOSEF-KARDINAL-FRINGS-BRÜCKE (SÜDBRÜCKE)
7 FLEHER BRÜCKE

Düsseldorf hat 50 Stadtteile:
Im Norden mit Angermund,
im Süden mit Hellerhof, ganz
im Osten ist Hubbelrath, im
Westen Heerdt.

MIX
Papier | Fördert
gute Waldnutzung
FSC® C043106

FSC
www.fsc.org

Druckprodukt mit finanziellem
Klimabeitrag
ClimatePartner.com/13493-2410-1027

Originalausgabe
© by Windy Verlag GmbH
Aprather Straße 2
40629 Düsseldorf
kontakt@windy-verlag.com
www.windy-verlag.com
Alle Rechte vorbehalten

Text: Anke Kronemeyer
Illustration und Grafik: Anna Zörner
Ein Dank geht an Monika Voss.

Druck: Grafisches Centrum Cuno GmbH & Co. KG; Calbe
Printed in Germany

ISBN: 978-3-948417-00-0
2. aktualisierte Ausgabe 2024

Ech hoff, dat üch dat Book vill Spass jemaht hät on ehr nu ons Stadt e besske besser kenne jeliert hatt. Wenn ehr wollt, könnt ehr mech eenfach emol schriewe. Öwer en Postkaht odder en E-Mail wöhd ech mech janz doll freue.

Ich hoffe, dass Euch das Buch viel Spaß gemacht hat und Ihr nun unsere Stadt ein bisschen besser kennen gelernt habt. Wenn Ihr wollt, könnt ihr mir einfach einmal schreiben. Über eine Postkarte oder eine E-Mail würde ich mich ganz doll freuen.